Ln 27.

A
SON ALTESSE
ROYALLE
MADAME
LA DVCHESSE
D'ORLEANS

ADAME,

J'ay creu que ie ne pouuois dauantage honorer la memoire de feu Monsieur

EPISTRE.

l'Abbé de Soreze, qu'en faisant paroistre sur son tombeau le nom de vostre AL-TESSE ROYALLE. *Son humilité nous ayant rauy les plus esclattantes actions de sa vie, il n'est pas raisonable que nous soyons priués de l'exemple de tant de vertus, qui sont les filles de la lumiere. Ie ne puis* MADAME *en donner vne plus haute idée, ny les exposer dans vn plus beau iour qu'à la faueur de vostre protection: Et ie croiray les auoir toutes descouuertes, quand i'auray pu-*

# EPISTRE.

blié qu'il a esté l'objet de l'estime & de l'affection de vostre ALTESSE ROYALLE, de laquelle toute la terre admire cette grande estenduë de cognoissance à qui rien n'est caché, cette veuë si nette & si penetrante qui sçait donner le prix à chaque chose, ce discernement des esprits si pur et si esclairé qui ne se trompe iamais dans son choix, dont les iugemens sont des Arrests, & qui peut prononcer aussi souverainement que l'Oracle qui declara le plus sage de tous les

EPISTRE.

Hommes. La vertu qui est d'un ordre superieur, ne se contente pas de l'admiration ny des loüanges de la terre. Elle porte plus haut ses desirs: Et par vne sainte ambition elle veut estre regardée des yeux du Ciel qui est le lieu de sa naissance. Ce sont ces yeux Madame, qui sont les tesmoins de vostre vertu: Ce sont ces yeux qui vous regardent sans cesse, parce que vostre cœur leur fournit tous les iours le suiet d'un nouueau triomphe. Ie sçais madame que la pieté est vn don comme

EPISTRE.

hereditaire dans l'illustre Maison de Lorraine : que ses premiers Souuerains ont esté des saints : Que leurs successeurs ont marché sur leurs pas : que tous les endroits de la terre sont consacrés par la sainteté de leur sang : & que leurs Couronnes sont moins precieuses par la richesse de leur matiere, que par les exemples de leurs vertus. Et c'est ce qui m'oblige, MADAME, de dire que vostre ALTESSE ROYALLE fait reuiure si glorieusement ces illustres Morts :

EPISTRE.

que bien qu'ils soient les hostes du Ciel depuis douze siecles, la terre neantmoins ne les a point perdus, puisque vous les representez par les merueilles de vostre vie. Je me laisse emporter, MADAME, au torrent de la voix publique: Et quoy que la fortune ne m'aye pas mis au rang de ceux qui ont l'honneur d'approcher tous les iours vostre ALTESSE ROYALLE, ie la reuere neantmoins auec autant de respect, mais auec plus d'auãtage qu'eux; d'autant que mon esloigne-

EPISTRE.

ment me laisse la liberté de publier mes pensées, au lieu que ceux que vous honorez de vostre presence, sont interdits par vostre veüe, & que leur rauissement supprime leurs paroles. Ie ne pretens pas, MADAME, que les miennes puissent composer un eloge qui soit digne de vous. La Justice mesme qui s'occupe à rendre à un chacun ce qui luy appartient, y perdroit ses mesures. Elle quitteroit ses balances, d'autant qu'elle ne pourroit trouuer ses proportions pour ce qui vous

EPISTRE.

de l'Europe, & que ie sois assez heureux pour meriter que vostre ALTESSE ROYALLE soit persuadée de la respectueuse passion auec laquelle ie suis,

MADAME,

Son tres-humble tres-obeyssant
& tres-fidelle Seruiteur
DE VERNEVIL,
Aumosnier & Predicateur ordinaire du Roy.

DISCOVRS FVNEBRE

DE FEV MESSIRE BARTHELEMY ROBIN, ABBE' DE SOREZE, ET PRIEVR DE SAINT VIGOR

Prononcé dans l'Eglise de l'Abbaye de Charronne, le 15. May 1656. Deuant son ALTESSE Mademoiselle d'Alençon.

Vitam petiit à te. & tribuisti ei longitudinem dierum. Psalm. 20. 5.

MADEMOISELLE,

Ie ne sçais pas quelle

A

discours Funebre.

a esté la pensée de ces Philosophes, qui ont auancé que l'Homme estoit vn miracle. Sans doute ils ne l'auoient pas consideré dans sa mort, & dans l'estat épouuantable, où le reduit cette fille du peché. Quel Miracle dit saint Bernard, pnisque dans sa naissance il n'est qu'vne semence de corruption, dans son progrez qu'vn amas d'ordures, & dans son declin que la pasture des vers? Disons plustost auec saint Hierome qu'il est vn

<small>lil medit. c. 3.</small>

monstre d'horreur, lors que la mort en a fait vn monceau de cendres. Si nous ne voulions employer que des raisonnemens humains, nos morts seroient plus dignes de nos auersions que de nos loüanges. Mais si nous appellons à nostre secours les lumieres de la Foy, & que nous regardions les sepulchres auec des yeux Chrestiens, nous y trouuerons le sujet de nos consolations & le fondement de nos esperances. Depuis que le Fils de

Dieu a consacré les tombeaux par son attouchement, il n'y a plus rien qui les rende terribles, dit saint Cyrille: il n'y à plus d'horreur que pour ceux qui ne sçauent pas s'esleuer en les creusant. Il ne faut pas approcher auec tremblement des tombeaux des Iustes ; parce que d'vn sejour de mort ils ont esté heureusement changez en vne demeure de vie, *domus mortis mansio fit vitalis.* C'est dans cette pensée que nous deuons approcher *discours Funebre,* du Tombeau de feu Messire Barthelemy Robin, Abbé de Soreze, & Prieur de Saint Vigort.

Ie n'apprehende point, Mademoiselle, de remuer deuant vostre Altesse ses cendres, parce que ses vertus les ont renduës incorruptibles. Ie crains seulement, qu'apres auoir esté le témoin oculaire de sa douleur, & auoir veu son cœur dans ses yeux, il ny aye vn peu de cruauté de ma part de vouloir porter la main sur vne playe si recente. Mais la grace qui a choisi voſtre cœur comme vn thrône où elle eſtale tous les iours ſes plus illuſtres victoires, luy fait naiſtre cette occaſion pour remporter vn nouueau triomphe. Le premier ſacrifice que nous deuons à la memoire de cet Illuſtre mort, eſt celuy de la priere : & pour ſatisfaire à cette obligation, faiſons vne effuſion de nos cœurs ſur la repreſentation de ſa ſepulture, & offrons au ciel pour le repos de ſon ame cette priere de *discours Funebre.* l'Eglise. *Requiem æternam, &c.*

MADEMOISELLE.

Il n'y a point d'Empire sur la terre plus vniuersel, ny plus souuerain que celuy de la mort. Côme elle est la fille du Peché, elle a estendu son pouuoir sur tous les enfans de ce malheureux pere, & les a contraints de luy rendre hommage & de subir ses loix. Lors que Dieu forma l'homme, dit saint Gregoire de Nyce, il l'establit comme le Roy & le Monarque de l'vniuers. Sa pourpre fut la vertu d'innocence, son diadéme la Iustice, & son Sceptre l'immortalité. L'ennemy de son salut ialoux de ces glorieux auantages, le surprit. Il luy enleua premierement sa pourpre Royalle, ensuite son diadéme: Et apres l'auoir despoüillé de son innocence & de sa Iustice, il luy rauit son Sceptre & son immortalité. Saint Paul asseure, que la mort entra par cette bresche,

Rom. 5. 12.

discours Funebre.

& quelle establit vn empire absolu sur la vie de tous les hommes. Depuis ce temps personne n'a euité sa fureur, & sans distinction d'aage, de condition, ny de sexe, elle n'a espargné ny les ieunes, ny les grands, ny les testes couronnées.

Il a fallu que le fils de Dieu qui estoit immortel, aye espousé nostre mortalité, afin de destruire l'empire de la mort : & qu'il aye fait couler des veines de son Corps mourant vn sang viuifiant, qui se respandant dans les tombeaux des Iustes comme vne rosée de lumiere, selon les termes d'Esaye, dissipe toutes les tenebres de la mort. En qualité de Verbe il est source & fontaine de vie. Rien n'est animé, soit de vie de nature, soit de vie de grace, soit de vie de gloire, que par les écoulemens & les émanations glorieuses de ce premier viuant. Toutes les creatures ont en luy vne vie diuine auant la naissance de tous les siecles : en telle

Isai.26. 19.

sorte, dit saint Augustin, que tout ce qui est mort en soy mesme, est viuant dans ce verbe de Dieu.

Mais en qualité de Sauueur & de Redempteur, Il est la vie & la resurrection des morts. Les foiblesses d'vn Dieu mourant nous ont merité la vie : & si nous voulons nous seruir des auantages de sa mort, quoy que nous soyons la posterité criminelle d'Adam, nous n'aurons point de part à la peine de son peché. Insensé que tu es, c'est le lan- Sap. 3. 2.

gage de l'Escriture. Tu crois que ce Iuste est mort. Tu te trompes. Il n'est mort qu'en apparence, & au iugement d'vn insensé comme toy. Mais dans l'estime de Dieu, & selon la doctrine de Iesus-Christ cette mort apparente n'est qu'vn sommeil pour le corps, & le commencement d'vne veritable vie pour l'ame.

1.Thessal. 4. 21.

C'est cette grande verité qui a donné sujet à l'institution des Oraisons Funebres, puis que dans ces discours composez à la loüäge des morts, le principal dessein est de faire voir que leur vie ne peut finir ny se perdre par le trespas. Voila Ame fidelle le suiet de tes prieres pendant ta vie, de demander à Dieu, mais de luy demander auec ardeur à l'exemple du Roy Prophete cette vie immortelle & incorruptible. C'estoit l'vnique sujet des prieres de celuy que nous regrettons, *vitam petiit à te*: tous les souhaits de son cœur, tous les desirs de son ame estoient renfermez dans le seul desir de posseder cette vie. Et puisque l'Ecriture nous asseure que Dieu ne peut rien refuser aux prieres de ses predestinez, pouuons nous douter qu'il aye refusé cette vie, aux prieres continuelles d vne ame si remplie de son amour. Nous n'en pouuons douter sans faire tort à sa vertu & à sa memoire. *Vitam petiit à te.* Il a demandé à Dieu la vie. *Et tribuisti ei longitudinem dierum*, Mais Dieu ne s'est pas contenté de discours Funebre.

luy en donner vne. Il luy a donné deux vies tres éclatantes, & toutes deux eternelles. La premiere est vne vie d'honneur, vne vie d'estime, vne vie de reputation dans la memoire des hommes. La seconde est vne vie de gloire, vne vie d'Immortalité dans les cieux. Et ces deux vies qui font la gloire de son tombeau, fairont aussi tout son eloge, & les deux parties de ce discours.

dessein du discours.

Feu Monsieur l'Abbé de Soreze a receu cette

vie d'honneur de ses ancestres : Et non seulement il l'a conseruée, mais il l'a augmentée par l'éclat de ses belles actiõs, par l'exercice de ses employs honorables, & par le rang qu'il a tenu dans l'Eglise. N'apprehendez pas Chrestiens, que ie ressuscite les morts, & que ie trouble la tranquillité de leurs sepulchres, pour satisfaire à la passion des viuants. L'Euangile m'apprend d'autres maximes, & l'Apostre me le deffend. Ces eloges humains

mains sont bons pour ceux qui n'ont rien de recommandable que leur nom, que la vanité de leurs armoiries, & les marques d'vne ancienne pourriture. Les Iustes ont dequoy se parer de leurs propres biens. Leur vertu ne vient pas de la terre, mais elle descend du Ciel; & quoy qu'ils la reçoiuent de la main de Dieu comme vn effect de sa grace, sa bonté neantmoins ne nous deffend pas de loüer leurs merites en couronnant les dons. L'Euesque Synesius eut bien la hardiesse de dire à l'Empereur Arcadius, qu'il l'estimoit plus heureux que loüable de la dignité de son nom, & de l'esclat de sa fortune. En effet, à proprement parler, il y a plus de bonheur que d'honneur dans les auantages de la naissance: Et puisque la loüange, si elle est solide, doit estre la reflexion de la vertu, il faut que la vertu soit à nous, afin que la loüange nous appartienne. C'est pourquoy dans le dessein que i'ay pris de faire l'eloge de feu Monsieur l'Abbé de Soreze, ie n'ay garde de le loüer que par luy-mesme, & de luy attribuer autre gloire que celle qui luy est propre.

A peine auoit-il atteint l'aage de quatorze ans, que la Prouidence diuine luy suscita vne illustre occasion de commencer sa vie d'honneur & d'estime. Vn Seigneur de marque ennemy declaré de sa famille, le prit prisonnier en l'année six cens douze, & le conduisit dans vn de ses Chasteaux qu'il auoit dans la Prouince de Berry. Le pere aduerti de l'enleuement de son fils, reclama la iustice du feu Roy de glorieuse memoire: & ce grand Prince vrayment digne du surnom de Iuste, instruit par la Reyne Regente sa mere des seruices que cette famille luy auoit rendus, commanda à Monsieur le Mareschal de la Chastre, & à Monsieur le Comte de Chiuerny gouuerneur du Blesois, de remettre ce Seigneur dās son deuoir, & de procurer la liberté de nostre defunt.

L'aueuglement & le desespoir qui sont inseparables de l'ame de ceux qui encourent l'indignation de leur Roy, confirmerent ce malheureux dans sa rebellion, & luy firent conspirer sa perte. La fureur qui luy auoit fermé les yeux, pour ne pas voir l'obeissance qu'il deuoit à son Souuerain, luy inspira souuent la pensée de tremper ses mains dans le sang de cét innocent. Mais sa malice fut retenuë par la tendresse de son aage, & par la fermeté de son ame. Pendant qu'il fut dans cette prison, que ie puis appeller auec Cassiodore vne maison de tristesse, sa principale occupation fut la priere, & sa conuersation ordinaire dans le ciel. Il benissoit Dieu dans ses fers: il le loüoit dans ses chaisnes: & il en receut vne force & vne assistance si particuliere,

Lib. II. Var. c. vlt.

discours Funebre. 23

qu'on le vit souuent escouter les menaces de sa mort sans rien diminuer de sa constance. Ce fut là que le ciel esclaira son esprit des lumieres Eternelles. Ce fut là qu'il apprit à mespriser la vie, à destacher son cœur de l'affection de toutes les choses de la terre, & à comprendre l'importance de l'affaire de son salut. Ces grandes veritez demeurerent si fortement imprimées dans son ame, qu'on le vit peu de temps apres sa liberté,

24 *discours funebre.*
dans le deſſein de ſe conſacrer entierement au ſeruice de Dieu, & au miniſtere de ſes Autels. Vocation ſaincte & diuine ! vocation extraordinaire, dont Dieu a couſtume de ſe ſeruir, quand il veut appeller à ſoy de grandes ames ! vocation à laquelle il reſpondit auec tant d'ardeur & de promptitude, que les mouuemens de ſon cœur ſuiuirent immediatement ceux de la Grace, & qu'il preſenta courageuſement la main

discours Funebre. 25
pour embraſſer la croix du Sauueur, & pour boire dans ſon calice d'amertume.

Apres ce glorieux ſacrifice de ſoy-meſme, la Prouidence diuine l'eſleua comme vn beau Soleil pour eſclairer ſon Egliſe par les rayons de ſa doctrine. Paris, Tours, Vendoſme, Langres, & pluſieurs autres villes de ce Royaume ſont teſmoins de ce que i'auance. Il auoit vn abord ſi facile, vn cœur ſi ouuert, vn entretien ſi ſimple &

si humble, vne humilité si profonde, vne charité si estenduë, vne esgalité d'esprit si constante, vne connoissance si esclairée, vne pieté si solide & si propre pour le commerce, que par tout où il a passé, il a eu autant d'admirateurs de sa vertu, que de spectateurs de ses actions. Ces rares qualitez qu'il possedoit auec tant d'esclat, luy gagnerent le cœur de tout le monde : mais sur tout des Grands, qui l'honorerent de leur ami-

discours Funebre. 27
tié & de leur bien-veüillance. L'estime & la reputation de sa vertu les obligea d'en rendre de si illustres tesmoignages, que sur leur recit il fut pourueu de l'Abbaye de Soreze.

Il ne receut pas cette dignité comme vn present de la fortune, ou comme vne recompense de son merite; mais il la receut comme le salaire d'vn fidele ouurier engagé par ce charactere, à trauailler continuellement dans la vigne du

Seigneur. Et de fait cette pauure vigne estoit si pleine d'espines, qu'elle n'auoit pas besoin d'vne main moins agissante que la sienne. L'heresie tousiours insolente dans sa prosperité, auoit laissé de cruelles marques de sa fureur dans l'Abbaye de Soreze. Elle n'auoit pas espargné la pierre & les marbres : Et apres auoir massacré les Ministres des Autels & profané la Religion, elle auoit renuersé les Temples du Dieu viuant. Soreze estoit vn lieu d'horreur & d'abomination, qui n'estoit plus remarquable que par sa cheute & par ses ruines. Mais Dieu qui regarda d'vn œil de pitié la desolation de son Eglise, luy enuoya nostre defunct pour guarir ses playes, & pour luy redonner la santé. Vn si grand malade, pour me seruir des termes de Sainct Augustin, auoit besoin de ce grand Medecin : & il s'employa auec tant de zele, auec tant d'ardeur, auec tant d'assiduité à tous les besoins de son Eglise, qu'elle reprit aussi-tost son embonpoint; ses Enfans égarez retournerét dans le sein de leur Mere, il renuersa les enseignes de l'heresie, & y arbora l'estendart de la Croix.

Ces glorieuses actions porterent si loin le bruit de sa vertu, que tous les grands Seigneurs de la Prouince de Languedoc bruslerent d'vn desir extreme de le voir, & de connoistre l'Autheur de tant de merueilles. Messieurs du Parlement de Tholoze luy firent l'honneur de le visiter: & sa presence confirma si auantageusement les merueilles que la renommée en auoit publiées, qu'ils ne pûrent rien refuser à ses prieres, & luy accorderent toutes les choses qu'il demanda pour son Eglise. Monsieur le Mareschal de Schombert l'honora de son estime & de ses visites : Et feu Monseigneur le Prince conceut vne si haute opinion de sa vertu, qu'il le voulut aller voir, & seiourna huict iours auec toute sa Cour dans l'Abbaye de Soreze.

Son merite & sa reputation estoient trop connus de tout le monde, pour ne l'estre pas du feu Roy. Et comme son regne estoit le regne de la Vertu, & vn regne reconnoissant, il le nomma à l'Euesché de Condom, mais auec des termes si glorieux, qu'il n'en faut pas dauantage pour consacrer à la posterité la memoire d'vn si grand homme.

discours Funebre. 33
homme. Il dit en presence de toute sa Cour, qu'il n'auoit iamais eu vne ioye plus sensible que celle qu'il ressentoit dans son cœur, parce qu'il n'auoit iamais nommé d'Euesque, dont on luy eut dit tant de bien que de l'Abbé de Soreze. Quelle plus illustre marque de la vie d'honneur & d'estime de nostre defunct ? Pour moy ie confesse franchement que ie suis en doute à qui ie dois donner l'auantage, ou à la main de celuy qui don-

C

ne, ou à la main de celuy qui reçoit : si ce n'est que nous disions que ce choix fut glorieux pour l'vn & pour l'autre, puis qu'vn chacun sçait que ceux que le feu Roy iugeoit dignes de ses faueurs, deuoient auoir des vertus non communes, & qu'ils estoient aussi dignes d'admiration que de recompense.

Apres ce tesmoignage de son merite, il seroit inutile de dire qu'il fut choisi par la Congregation de sainct Maur, pour faire l'Oraison funebre d'Vrbain huitiesme dans l'Abbaye de sainct Germain des Prez, en presence de Monseigneur le Nonce, & d'vn grand nombre de Prelats. Ie passe sous silence vne infinité d'occasions glorieuses, où il a donné des preuues de sa vertu & de sa doctrine. Mais ie ne puis m'empescher de dire l'estime & la bienveüillance particuliere dont leurs Altesses Royalles l'ont honoré. Leur approbation vaut celle de tout vn monde : Et si le grand Pompée s'estimoit plus heureux d'estre aimé du sage d'Vtique que de ses propres Dieux, ie ne suis plus en peine d'establir la reputation de feu Monsieur l'Abbé de Soreze, puis qu'elle est fondée sur le tesmoignage de leurs Altesses Royalles. La pluspart de ceux qui m'escoutent, sçauent que lors qu'il fut les saluër à Blois il n'y a pas long-temps, elles le receurent auec tant de bonté & tant de marques d'affection, qu'elles ne

discours Funebre.

voulurent iamais souffrir qu'il logeast ailleurs que dans leur Chasteau. Et ie ne puis douter, MADEMOISELLE, de la tendresse du cœur de vostre ALTESSE, apres auoir veu les regrets qu'elle a ressenty de sa mort, & les larmes qu'elle a versées sur son tombeau. Et par consequent pour conclure selon les paroles de mon texte, *vitam petiit à te, & tribuisti ei longitudinem dierum*: Dieu luy a donné vne vie d'honeur, vne vie d'estime, vne vie de reputation qui le fera viure eternellement dans la memoire des hommes.

Pourquoy-donc pleurez-vous famille affligée? pourquoy verser des larmes pour celuy qui n'est pas mort, mesme parmy les hommes? Il semble que vous ayez iuré de vous vaincre en tristesse, & que vous establissiez vostre gloire à tesmoigner vostre douleur. Vos larmes sont iniurieuses à celuy que vous regrettés. Il n'est pas mort dans l'estime des personnes qui l'ont connu. L'esclat de sa vertu passe le terme de sa vie, & sa memoire subsiste encore pour luy quand on ne le voit plus qu'entre les morts. C'est vous qui estes particulierement obligées de luy conseruer cette vie d'estime, & le souuenir de ses actions. C'est le conseil que le grand Apostre sainct Paul donne aux Hebreux, *Mementote præpositorum vestrorum.* Vous auez ioüy des plus precieux momens de sa vie & de ses derniers

Hebr. 13.7.

souspirs. Il a vescu, & il est mort pour vous. Pendant que cette Eglise, pendant que cét Autel, pendant que ces marbres subsisteront, ils publieront à iamais ses bienfaits & son amour enuers vous. Mais la gratitude & la reconnoissance de vos cœurs doit surpasser la durée des marbres, *Mementote præpositorum vestrorum.* Souuenez-vous de ce premier Directeur que la Prouidence diuine vous auoit donné par vne faueur singulie-

discours Funebre.

re. Souuenez-vous de ce Directeur, qui a consacré tous ses soins & tous ses trauaux à la conduitte de vos ames. Souuenez-vous de ce Directeur à qui vostre salut a esté si cher. Qu'il n'y aye aucun endroit dans cette maison, qu'il n'y aye aucune place dans vos cœurs, qui ne publie sa gloire, & qui ne le represente incessamment à vos yeux. Mais sur tout faites reuiure sa memoire par la pratique de ses vertus. Souuenez-vous de ses instructions, souuenez-vous de ses enseignemens, souuenez-vous des maximes qu'il vous a si souuent preschées. Souuenez-vous de conseruer la paix & l'vnion qu'il vous a laissée. Souuenez-vous de son humilité, souuenez-vous de sa patience, souuenez-vous de son zele: Et apres les prieres que vous auez offertes & que vous auez fait offrir à Dieu pour le repos de son ame, apres ce seruice solemnel, apres cette pompe funebre, qui sont autant de marques de vostre gratitude, esleuez-luy dans vos cœurs vn monument eternel par l'imitation de ses incomparables & heroïques vertus. C'est la vie qu'il vous demande, *vitam petiit à te*; & c'est cette vie à laquelle vous deuez principalement trauailler, parce que ce sera cette vie qui eternisera sa memoire.

La seconde vie que Dieu a donné à feu Monsieur l'Abbé de Soreze, est vne vie de gloire &

II Partie.

d'immortalité dans les Cieux. La mort est l'echo de la vie. Si la vie dit peché, la mort respond peché. Si la vie dit saincteté, la mort respond saincteté. Tertullien luy donne vn autre nom. Il l'appelle l'enfantement de la vie, *partus vitæ*. Si la vie conçoit des abominations & des crimes, la mort n'enfantera que des abominations & des crimes. Mais si la vie conçoit l'innocence & le merite, la mort enfantera l'innocence & les mé-

discours Funebre.

rites ; & ces merites seront suiuis de leur recompense. Comme il arriue rarement que ceux qui ont mené vne mauuaise vie, fassent vne bonne mort ; il arriue encore plus rarement que ceux qui ont mené vne bonne vie fassent vne mauuaise mort. C'est la pensée auec laquelle l'Apostre sainct Paul console les Chrestiens de l'Eglise de Thessalonique. Vostre tristesse, dit-il, mes freres, doit estre differente de la tristesse de ceux qui n'ont

1. Thess 4. 12.

point de part au bonheur de nos esperances. Il faut s'affliger de la mort de ceux qui ont mis leur confiance dans eux-mesmes, ou dans leurs richesses, parce que ces biens trompeurs leur manquent au besoin. Mais il ne faut pas regretter la mort de ceux qui ont establi leur confiance en Iesus-Christ, & qui ont esté animez d'vne viue foy, parce que nous auons vn tres-iuste sujet de penser qu'ils participent à ses promesses.

discours Funebre.

La vertu est vn astre, dit sainct Bernard, & par consequent elle doit auoir place dans le ciel. Comme il est le lieu de sa naissance, il est aussi le terme de son retour; & si elle combat sur la terre, c'est pour triompher dans les Cieux. La mort despoüille l'homme de toutes choses. Elle oste les armes aux soldats, l'espée à la noblesse, la Crosse aux Abbez, la Mitre aux Euesques, & la couronne aux Roys. Nostre sortie de ce monde n'est point differente de l'entrée que nous y faisons. La nudité nous accompagne dans l'vn & dans l'autre. Nous naiſſons tous nuds, nous mourons de meſme: & de tous ces faux biens dont nous auons eſté idolatres pendant la vie, il n'y en a pas vn ſeul qui paſſe au de-la du tōbeau. Mais la vertu, dit le Cardinal Hugues, triomphe de la mort. Elle nous ſuit iuſqu'au thrône de Dieu, & nous fait paroiſtre auec honneur en ſa preſence.

In illud Apoc. 14. opera illorū ſequūtur illos.

fence. Voyez-vous ce malheureux, cét impie mourant, qui a fait tant de bruit dans le monde. Quand il fera eftendu fur le lit de la mort, il fera dans le tremblement & dans la frayeur. Oüy, lorfque tu feras arriué à la porte de la vie : lors qu'il te faudra prefenter deuant le tribunal de la Iuftice diuine, & deuant la face d'vn Dieu mal feruy, tu feras couuert de confufion & de honte. Pourquoy ? parce que tu feras dans la nudité, tu auras horreur de toy-mesme. Mais le Iuste, dit le Prophete, ne sera point confondu, *non confundetur cum loquetur inimicis suis in porta.* Il se presentera auec vne hardiesse pleine de confiance. D'où luy viendra cette confiance? Elle viendra de sa vertu, selon la remarque de saint Bernard, *Vestes enim nostræ virtutes sunt*, parce que sa vertu luy seruira de vestement : *Charitas operit multitudinem peccatorum*, la charité, la vertu, la

Psalm. 26.5.

Ser. 2. in cap. Ieiunij.

1. Petri 4 8.

pieté du Iuste, couure les pechez, où la foiblesse de la nature le peut auoir porté. Voila pourquoy il ne rougira point deuant le Tribunal de Dieu, parce qu'il ne sera point dans la nudité, il sera couuert de la robe de ses vertus.

Telle a esté la vie, telle a esté la mort de feu Monsieur l'Abbé de Soreze. Comme il a vescu dans la pratique de toutes les vertus Chrestiennes, il est mort tout couuert de ses vestemens

D ij

honorables. Il est mort auec la robe de la foy, de l'esperance, de la patience, de l'humilité, de l'obeyssance, du zele, de la charité, & generalement parlant de toute sorte de vertus.

Mais auant que d'entrer dans vne matiere si vaste & si estenduë, où tout choix seroit inutile, puisque tout y est grand : Ie proteste en face du ciel & de la terre, que ie ne parle ny par complaisance ny par flatterie, que ie n'ay d'autre dessein que

Bern. suprà.

de rendre tesmoignage à la verité, & que ie n'auanceray rien dont ie n'aye vne parfaite connoissance.

Son zele pour la gloire de Dieu & pour la majesté de l'Eglise, a paru dans le magnifique bastiment qu'il a fait dans l'Abbaye de Soreze. Quoi que son reuenu fut extrémement modique, & qu'il ne montast pas à deux mille liures: neantmoins il estoit animé d'vne confiance si particuliere en la Prouidence de

Dieu qu'il entreprit vn edifice qui luy a cousté quarante mille escus, & qu'il a conduit à sa derniere perfection. Cette somme ne fut pas employée en superbes appartemens, en meubles, en tapisseries, ny en Alcoues. Il sçauoit que l'heritage de Iesus-Christ n'estoit destiné que pour la nourriture de ses membres & pour les necessitez de l'Eglise. Il se regardoit seulement comme l'œconome & le dispensateur de ces biens sacrez, que la pieté des Fideles n'a point donné pour estre conuertis en des vsages profanes. Le Roy Antiochus pour cacher le dessein qu'il auoit de piller les richesses de la deesse Nanée, fit semblant d'aller dans son Temple pour l'espouser. Et l'histoire des Machabées témoigne qu'il voulut couurir son auarice du voile specieux de ce pretendu mariage, *vt acciperet pecunias multas dotis nomine.* Noſtre defunt n'entra point dans l'al- Mach. 1.13.

liance auec son Eglise par ce motif mercenaire. Il ne l'espousa point pour la despoüiller : au contraire il la trouua toute despoüillée, & ne pensa qu'à couurir sa nudité.

Espargnons les manes des indignes Enfans de ces Saincts, qui ont passé autrefois les mers pour arborer l'estendart de la Croix sur le croissant des Ottomans. Ne r'allumōs point le feu de nos guerres ciuiles. Oublions la cruauté de nos freres esgarez qui ont deschiré le sein de nostre mere commune. Par la misericorde du Dieu que nous adorons, nostre Eglise a repris son authorité malgré la resistance des enfers : & il n'y a qu'à souhaitter qu'elle l'a conserue. Mais disons à la gloire de nostre defunt, que comme le restablissement & la decoration des Temples, est vne des principales actions de la religion que nous professons, son zele ne fut point satisfait, qu'il n'eût reparé les bresches de l'heresie, & qu'il n'eust basty l'Eglise & tous les lieux reguliers de l'Abbaye de Soreze. Or parce qu'il y auoit quarante ans qu'on ny auoit veu d'Euesque, & qu'à peine y restoit-il quelque marque de religion, il pria Monseigneur l'Archeuesque de Tholose, & la pluspart de Messeigneurs les Euesques de Languedoc, d'en vouloir faire la dedicace : qui se fit auec tant de pompe, auec tant de magnificence, & auec vn si prodigieux concours de peuple, qu'on croyoit reuoir le miracle de l'ancienne Loy dans la dedicace du Temple de Salomon. Monseigneur l'Archeuesque de Tholoze communia de sa main & donna le Sacrement de Confirmation à plus de huict cens personnes. De sorte que nous pouuons dire de nostre defunct, ce que le Prophete Roy disoit de soy-mesme, Seigneur i'ay aymé l'ornement de vostre Maison & la decoration des saints lieux où vostre

Lib. 2. Paral. c. 7.

Psal. 25 8.

gloire habite: & i'ay voulu tesmoigner par cette pompe exterieure, la grandeur & la majesté de celuy auquel ie la consacre. Il ne se contenta pas d'esleuer cét edifice. Il y r'establit le culte & le seruice Diuin. Il y mit la reforme de saint Benoist, afin que les loüanges de Dieu y fussent incessamment publiées par ces Anges incarnez, & pour reparer en quelque façon les affronts qu'il auoit receus dans vn lieu où il auoit esté si long-temps deshonoré.

Que diray-je de sa patience? ie suis obligé de parcourir succintement toutes ses vertus, parce que ie n'aurois iamais fait, si ie les voulois toutes raconter, & exposer à vos yeux tous les exemples qu'il en a laissés. Vn iour apres auoir donné, selon sa coustume, l'aumosne à tous les pauures des Minimes de la place Royale, quelques-vns luy dirent des iniures, d'autres remplirent son carosse & ses habits de boüe,

& il y en eut vn qui le frappa de son baston. Il le regarda auec vn œil amoureux, & ne fit iamais sortir de sa bouche vn murmure, ny de son cœur vn souspir d'impatience. Ceux qui l'ont connu admireront ces actions, parce qu'ils sçauent qu'il auoit l'esprit vif & prompt, & qu'il n'y eut iamais vn temperament plus ardent ny plus bilieux que le sien. Il falloit vne grande habitude dans la vertu pour corriger son naturel, & pour

discours Funebre. 63
acquerir vn empire si souuerain sur ses passions. D'où ie conclus auec S. Ambroise, dans l'eloge funebre de Theodose le Ieune, qu'il luy est infiniment glorieux d'auoir formé la douceur dans le feu de la colere.

Sa parfaite resignation aux volontez de Dieu a esclatté dans toutes les actions de sa vie, mais particulierement dans la derniere affliction qu'il luy enuoya par la foiblesse, ou pour mieux dire, par la perte de ses yeux.

Les grandes afflictions font pour les grands cœurs. Dieu n'afflige que mediocrement les ames vulgaires : & s'il est vray que la tribulation soit l'épreuue de la vertu, il faut dire necessairement que les grandes espreuues font le partage & l'exercice des grandes vertus. Or comme les yeux, au dire de sainct Bernard, font la plus noble partie de nos corps, leur priuation est la plus sensible de toutes nos peines. C'est pourquoy il faut que nostre

stre volonté soit dans vne parfaite conformité auec celle de Dieu, pour supporter auec soufmission vne perte, dont la seule pensée nous fait fremir d'horreur. Tel a esté l'estat de la volonté de nostre defunt, qui estoit si vnie à la volonté de son Dieu, que lors qu'il l'affligea, il nouurit sa bouche que pour le loüer. L'estant allé voir le lendemain pour luy donner quelque sorte de consolation, ie le trouuay dans vne assiette d'esprit aussi tranquille qu'à l'ordinaire : Et d'abord il me dit ces belles paroles de Tobie, *Non contristatus est contra Dominum quod plaga cœcitatis euenerit ei.* Mon Dieu ie n'ay garde de murmurer contre vous, de ce que vous m'auez frappé de la playe de l'aueuglement. Vous m'auiez donné les yeux, vous me les auez oftez, parce que i'en faifois vn mauuais vfage. C'eft en cela que ie reconnois que vous m'aymez, parce que vous auez voulu fermer l'entrée aux distractions qui dissipoient mon esprit. Vous m'auez osté la veüe de la terre, afin de l'ouurir aux lumieres du Ciel, & pour me recueillir tout en vous. Que vostre sainct Nom soit à iamais beny, & que ie sois assés fidelle pour respondre aux desseins que vous auez sur moy.

Son Amour & sa Charité enuers ses seruiteurs & ses domestiques estoit en vn si haut point, qu'il les aymoit comme ses

Enfans, il les instruisoit comme ses Freres, il excusoit leurs defauts, il les traittoit auec douceur & auec mansuetude, parce disoit-il qu'il falloit adoucir par les bons traittemens & par les douces paroles, les espines de la seruitude. Lors qu'ils estoient malades, il ne se contentoit pas de sçauoir à chaque moment l'estat de leur santé : Il alloit luy mesme les voir, les consoler, les exhorter à la patience, & soulager leurs peines par ses soings

& par la compassion qu'il tesmoignoit auoir de leurs maux.

Cét amour bien-faisant n'estoit pas renfermé dãs les bornes de sa maison : Il s'estendoit à cette autre partie de Charité, que Dieu deffend à la main droitte de faire sçauoir à la gauche. Pauures, vous le sçauez, combien d'aumosnes en secret, combien de charitez cachées? C'est icy la partie qui fait vostre deüil, afin qu'il n'y aye point de condition qui ne pleure la perte d'vn homme qui estoit nay pour le bien de tous. C'est vostre dueil d'auoir perdu vn pere, duquel vous trouuiez les mains ouuertes à vos besoins. Mais c'est aussi ce qui exige les confessions de vostre bouche, & dont vous deuez estre vn iour tesmoins pour sa gloire. Dans ce grand iour où toutes les actions des Chrestiens mises à part, ils ne seront iugez que par celles de leurs charitez, & où rien ne sera de poids dans la balance de

Dieu, que le bien qui se trouuera dans la main des pauures: Ah! combien sera glorieuse l'ame de nostre cher defunct, qui verra porter de toutes parts dequoy combler la mesure de ses recompenses? qu'il faira beau voir les pauures de Paris, de Tours, de Vendosme, de Langres, de Dreux, de Mont-fort, & de Soreze courir auec empressement deuant le Tribunal de Dieu, pour luy presenter les bien-faits qu'ils en ont receu: Les pauures de Langres presenteront leurs Ames, que la faim contraignoit de sortir de leurs corps, si nostre defunct ne les eut retenues sur leurs leures. Ie l'entens tonnant auec vne sainte eloquence dans la Ville de Langres, & obligeant les habitans par la force de son zele & de ses exemples, d'ouurir leurs greniers & leurs bourses. Ie le vois dans tous les endroits de la ville, qui n'estoit plus qu'vn grand Hospital, courant de ruë en ruë, de

discours Funebre.

maison en maison, pour consoler les miserables par la douceur de ses paroles, & pour soulager leur pauureté par la largesse de ses ausmosnes.

Feu mõseigneur l'Euêque de Lãgres luy dõna pouuoir d'ẽgager sa chapelle & ses ornemens, & le pria de le taxer lui mesme selõ qu'il le iugeroit à propos: de sorte que l'on vit bientost changer la face de ceste pauure ville: La famine qui l'auoit reduitte a l'extremité, fut bannie par ses soings charitables:

Et il fit faire plusieurs beaux ouurages par le trauail des pauures valides.

Les pauures de Vendosme, de Dreux, & de Mont-fort, presenteront tous les morceaux de pain & tous les secours qu'on leur donne & qu'on leur donnera à iamais dans ces lieux, puis qu'ils luy sont redeuables de la Charité qu'il y a establie, & qui fleurit & subsiste encore à present.

Les pauures honteux, ausquels il donnoit par mois de certaines som-

discours Funebre. 75

mes, & dont il tenoit regiſtre comme de ſes penſionaires, preſenteront les liberalitez dont il a couuert leur confuſion & leur honte.

Les Priſonnieres de la Conciergerie de Paris, preſenterốt l'argent qu'il leur a diſtribué, & leurs chaiſnes qu'il a briſées Durant pluſieurs années il alloit tous les Dimanches & toutes les bốnes Feſtes dans les Cachots, où il viſitoit ces pauures infortunés, il les inſtruiſoit, il les conſoloit, il leur faisoit de grandes aumosnes, & en deliuroit plusieurs. Il se fut volontiers mis en leur place s'il luy eut esté loisible, il se fut chargé auec plaisir de leurs Chaisnes, parce que son cœur auoit les ardeurs de celuy de Saint Paul qui souhaittoit d'être anatheme pour ses freres. Il ny en auoit point de si misierable, dont il n'adoucit les douleurs par ses consolations & par ses visites paternelles. Il ny en auoit point de si caché, qu'il ne des-

discours Funebre. 77
couurit par les artifices d'vne industrieuse Charité : Il n'y en auoit point de si honteux qu'il ne preuint par la liberalité de ses mains : Il sembloit que son Ame fut toute recueillie dans ses yeux pour voir les soûpirs des miserables. En vn mot il estoit le pere des paures : Et les larmes dont ceux de Charonne ont arrousé son tombeau, font vne illustre marque de la tendresse du cœur qu'il auoit pour eux. Et ie ne doute point que si S.

Pierre viuoit en ce temps parmy nous, les pauures de Charonne & des autres lieux dont nous auons parlé ne le preſſaſſent de le reſſuciter, comme ceux de ſon temps l'obligerent de reſſuſciter Tabytha leur inſigne bien-factrice. Voila quelle eſt la gloire & la recompenſe de ceux qui ſçauent faire vn bon vſage de leurs richeſſes. Voila leur ſuitte & leur equipage au iour du iugement. Voyla le ſujet de leur confiance. Tous les pauures qu'ils ont ſecou-

Acto. 9. 39.

rus marchent deuant eux tenans dans leurs mains les marques de leurs bien-faits: & de toutes les goutes d'eau dont ils ont appaisé leur soif, il ny en a pas vne dont ils ne composent vn fleuron à leur couronne.

Reuenons à nostre defunct, & concluons son eloge par l'estime qu'il faisoit du Sacerdoce. Depuis le iour qu'il fut consacré Prestre, s'il n'a esté dans l'extremité de la maladie, il n'a iamais manqué de dire la Sainte

Messe, non pas mesme dans les grands voyages qu'il a faits, ny depuis qu'il eut presque perdu la veüe. Aussi Dieu luy a fait cette grace, que ie mets au rang des faueurs singulieres, d'offrir ce grand & auguste Sacrifice le iour de sa mort. Vous eussiez dit qu'il auoit quelque pressentiment de son depart : Il fit le seruice dans cette Eglise le Ieudy saint ; & lorsqu'il fut arriué à la consommation du sacrifice, on remarqua en luy vne ferueur

ueur & vne pieté si extraordinaire, que son visage paroissoit auoir lair du Paradis: Son Ame sembloit elle mesme presser sa sortie hors du corps, pour sen voler à son origine. Que ne puis-je exprimer les sentimens de son cœur, ses transports & ses saillies aux approches de son diuin Espoux? pendant qu'il le tenoit entre ses mains, il y demeura colé auec tant d'application, qu'on eut dit qu'il voyoit la victime cachée sous ces adorables Especes. Les lumieres de la Foy faisoint l'office de ses yeux. Il estoit abysmé dans vn entretien secret auec Dieu, & dans vne profonde adoration de ses Mysteres : Et quoy qu'il fut le Prestre & le Sacrificateur, il se presenta neantmoins comme la victime, qui deuoit estre immolée par les ardeurs de son amour.

En suitte il se retira dans sa chambre, & se prosterna mille fois aux pieds d'vn Crucifix, qu'il baigna de ses pleurs. Et venant à mediter le Mystere sanglant que l'Eglise proposoit en ce iour, la force de son imagination luy presenta dans vn moment, tous les tourmens de la Passion de son Maistre. Vne foule d'objets espouuantables remplit son esprit, la colere du Pere Eternel, l'iniustice des Iuges, la cruauté des Bourreaux, la lascheté des Apostres, la trahison de Iudas, le reniement de saint Pierre, les blasphemes des Soldats, la honte de sa Mort, la nudité de son Corps, l'amertume du Fiel, la pointe des Espines, l'ingratitude des Hommes, & l'excés de ses douleurs.

Ah ce fut pour lors que ses yeux se desborderent en vn torrent de larmes; Et que son Ame accablée par le sentiment de ces peines redoublées, tomba dans vne agonie si pressante, quelle tira de son Corps la sueur de la mort. Ie ne parle point par escrit, ny par memoire. Ie ne parle point en orateur, pour exaggerer les choses par vne pompe ambitieuse de paroles. Ie rends tesmoignage de ce que iay veu.

M'estant approché de luy, pour luy donner du soulagement, il m'entretint d'vn discours si esloigné de l'accident qui luy estoit arriué, qu'il fut facile de iuger, que cette sueur n'estoit pas tant vne marque de la foiblesse de sa nature, qu'vn effect de la vehemence de son amour. Il me parla toûiours de la mort, & repeta plusieurs fois ces paroles de l'Apostre, *Coarctor desiderium habens dissolui, & esse cum Christo,* mon Dieu ie ne merite pas que vous me fassies la grace de mourir auec vous. C'est vne faueur qui est reseruée pour vos Esleus, & non pas pour les grands pecheurs comme moy. Mais puis qu'il est permis aux Chrestiens de faire des souhaits, mon cœur souspire d'vn desir passionné de me crucifier auec vous,

Philip.
1. 23.

& de mesler mon sang auec le vostre. Ie n'ayme plus la vie, puis que vous l'aués perduë, & ie ne sçaurois estimer l'vsage d'vn bien qui ne m'est pas commun auec vous. Vous m'aués esleué à la dignité du Sacerdoce, & puis que par l'excés de vos infinies misericordes, vous aués bien voulu que ie vous aye Immolé si souuent pour l'expiation des pechés de la terre, souffrés que ie me sacrifie auiourd'huy, & que ie me iette entre les bras de mon Sauueur mourant.

Apres auoir prononcé ces paroles auec vne ardeur incroyable, il ramaſſa le peu de forces qui luy reſtoient, & me prenant par la main, il m'amena dans l'Egliſe, où il adora pluſieurs fois Ieſus-Chriſt, où il s'occupa continuellement au ſeruice de ſes Autels, & me dit que les Temples eſtoient proprement le ſéjour & la demeure des Preſtres. Auſſi Dieu permit, que cette Egliſe

discours Funebre. 99

qu'il auoit tant aymée, & qui auoit esté le lit nuptial ou il auoit enfanté tant de Vierges a Iesus-Christ, fut le lit de son repos: afin qu'on pût dire de luy comme de Moyse, qu'il estoit mort sur la bouche de Dieu & dans le baiser du Seigneur.

Enfin, enfin, apres auoir remply la mesure de ses iours; apres auoir amassé vn thresor de merites; apres auoir esté deliuré des tourmens de la mort, *non tanget illos tormentum mortis*; apres auoir esté cósommé par le feu de sa charité: La nature mãqua tout d'vn coup a celuy qui luy auoit manqué tant de fois: & il rédit sa belle ame entre les mains de son Dieu, pour receuoir vne vie de gloire & d'Immortalité dans les Cieux.

Ne pensez pas Chrestiens, qu'apres estre arriué en ce triste endroit de sa mort, ie sois capable de le loüer que par des larmes. Ie ne vois persóne dans cette Illustre assemblée, qui ne porte sur son visage les marques de sa

discours Funebre. 101

douleur. Mais sur tout, Ie descouure au trauers de ces sombres voiles, vne troupe Innocente de Vierges, qui semblent sestre interdittes tout autre visage que celuy de leurs yeux. A Dieu ne plaise que ie condâne leur tendresse dans la perte d'vn si bon Pere, puisque Iesus-Christ mesme a sanctifié les larmes dans la mort de son cher amy le Lazare. Mais il faut quelles meslent leurs larmes auec ses cendres, afin de conseruer à jamais dans

discours Funebre.
leurs Cœurs les flammes de son amour. Mais il faut que celles qui viuent, apprennent à celles qui les suiuront, quelles sont redeuables de tout leur bon-heur aux soings de de cet illustre defunct. Mais il faut qu'elles apprehendent de troubler la paix & la tranquillité de ses cendres. Mais il faut quelles fassent reuiure Eternellement sa memoire par le souuenir & par la pratique de ses vertus. Et apres auoir arrousé le marbre de son tōbeau,

www.ingramcontent.com/pod-product-compliance
Lightning Source LLC
Chambersburg PA
CBHW070259100426
42743CB00011B/2267